AF319469

SOUVENIRS

DE

VOYAGES

ROME, LORETTE, S.-MAURICE
EINSIEDLEN

PAR D. MEYNIS

Commandeur de l'ordre de Saint-Sylvestre,
Auteur de divers ouvrages
sur l'histoire religieuse de Lyon.

AVEC GRAVURES

———

AU PROFIT DES ÉCOLES CATHOLIQUES

———

LYON
IMPRIMERIE CATHOLIQUE
Rue de Condé. 30

—

1880

AVANT-PROPOS

Nous avions eu la pensée d'abord de livrer à l'impression le récit de nos divers voyages dans les contrées voisines de la France, mais nous n'avons pas tardé à renoncer à ce projet. Depuis que les chemins de fer sillonnent l'Europe, on se transporte si vite d'un endroit à l'autre, que les détails des pérégrinations des touristes ont peu de charme, on aime mieux voir et apprécier soi-même.

En renonçant à notre dessein, il nous a paru toutefois qu'il serait bon d'en conserver quelque chose, car il est des endroits moins visités, quoique leur éloignement ne soit pas considérable, d'autres que chacun apprécie à un point de vue différent.

Quelle ville, par exemple, plus fréquentée que Rome? Combien d'artistes, de littérateurs, de savants, l'explorent chaque année! Que de milliers de pèlerins vont s'agenouiller aux pieds du Saint Père! Et, malgré cette multitude de visiteurs qui emportent leurs souvenirs, malgré le nombre considérable de pages déjà publiées sur la capitale du monde chrétien, Rome, au point de vue de la religion, de l'histoire et de la science, est un sujet si vaste, qu'on s'arrête encore volontiers aux pensées et aux impressions que d'autres ont consignées par écrit.

Quelques localités, ensuite, sont dignes d'un spécial intérêt : en Italie, Lorette ; en Suisse, Saint-Maurice, qui garde la mémoire du martyre de la légion Thébéenne, l'un des plus grands faits de notre histoire religieuse, et Notre-Dame des Hermites ou Einsiedlen, plus en renom chez les Allemands que chez les Français.

En voilà assez pour justifier le titre que nous avons donné à ce modeste opuscule; ce n'est pas une narration de voyage, ce sont quelques fragments extraits de nos notes. L'objet de leur publication est de raviver le souvenir de faits propres à fortifier l'esprit de foi. Tel est le but que nous nous sommes proposé, nous confions à la Providence le soin de la réussite.

SAINT-PIERRE DE ROME

ROME

ANCIENNE ET MODERNE

IL est une ville dont le nom est connu dans toutes les langues comme celui de la capitale du monde chrétien, qui, à ce point de vue, selon la disposition des esprits, inspire l'amour ou la haine, à qui il a été donné, tour à tour, de subjuguer les peuples par la terreur de ses armes, et de les dominer par cette force qui soumet les intelligences. C'est Rome ; la ville des grands souvenirs, la patrie des arts, la cité des Papes, le siége de celui qui est appelé

et qui est vraiment le Vicaire de Jésus-
Christ ici-bas.

Tous les siècles ont laissé dans cette ville
une empreinte que ni les invasions des
barbares, ni les révolutions qui les ont
suivies, n'ont pu complètement effacer.

Mon intention n'est pas de traiter sous
toutes ses faces un sujet si vaste, un livre
n'y suffirait pas. D'ailleurs, les connais-
sances nécessaires me feraient défaut. J'o-
mettrai donc tout ce qui concerne les arts.
Je ne parlerai ni des milliers de tableaux
et de statues, ni des mosaïques et des
marbres qui décorent les palais et les
églises. Nous oublierons pour un instant
Michel-Ange, Raphaël, et tous les chefs-
d'œuvre dont le Vatican est peuplé. Nous
nous bornerons à évoquer le passé dans
ses rapports avec nos grands faits chré-

tiens ; puis, suivant le cours des âges, nous arriverons jusqu'aux temps modernes pour admirer la conduite de la Providence à l'égard de Rome et de l'Eglise, dont elle est le centre béni.

Non, jamais je n'oublierai le spectacle qui s'est offert à moi lorsque, par une belle soirée d'automne, du haut de ces murs gigantesques, jadis revêtus de marbre, de stuc et de sculptures délicates, qui furent le palais des Césars, je voyais à ma gauche les débris si imposants du Forum, le Capitole où s'accumulaient jadis les dépouilles des nations vaincues, la voie Sacrée que suivaient les triomphateurs, les restes de la tribune aux harangues, les colonnes des péristyles qui ornaient les temples des dieux. Rome antique était là tout entière, avec son sénat, ses consuls, ses tribuns.

Venaient ensuite les monuments construits
sous les empereurs ; les arcs de Septime
Sévère et de Titus, les ruines grandioses
du temple de la Paix ; plus près de moi, le
Colisée, dont l'arène a bu le sang des martyrs, la fontaine où se lavaient les gladiateurs, l'arc triomphal de Constantin. A
droite, on apercevait les vestiges du grand
Cirque ; à gauche, les thermes de Caracalla, puis la pyramide de Caïus Sextus,
appuyée aux murs que fit construire Bélisaire, et, dans le lointain, les montagnes de
la Sabine.

Du milieu de ces ruines s'élançaient quelques palmiers ou des cyprès dont la végé-
tation vigoureuse contrastait avec la teinte
rougeâtre et rembrunie des vieux édifices,
tandis qu'au mont Cœlius, une église fai-
sait miroiter ses colonnettes de marbre

blanc, autour d'un dôme de briques do-
rées par les rayons du soleil.

Le mont Palatin, du haut duquel s'étendait ainsi mon regard, doit son nom à ces
palais dont Auguste, Tibère, Caligula et
Néron avaient été les constructeurs. Au
bas de ce mont se déroulaient, jadis, des
jardins devenus célèbres par les tourments
que les chrétiens y endurèrent. Il faut lire
dans Tacite, auteur païen, le récit de ces
abominables supplices.

Après avoir mis le feu à Rome, pour
avoir la jouissance de la rebâtir, Néron
sentit le besoin de déverser sur quelqu'un
l'accusation d'incendiaire qui pesait sur
lui. Pour cela il choisit les chrétiens, dont
il fit arrêter un grand nombre. On les sou-
mit aux tourments les plus douloureux ;
puis, ajoute Tacite, « unissant la dérision

« aux supplices, l'empereur ordonna que
« les uns fussent couverts de peaux de
« bêtes et livrés aux morsures des chiens,
« que d'autres, enduits de matières inflam-
« mables, fussent attachés à des croix, et,
« la nuit venue, on allumait ces flambeaux
« vivants pour éclairer les jardins de Cé-
« sar. Cependant Néron, en habit de
« cocher et mêlé au peuple, conduisait les
« chars dans le Cirque. C'est pourquoi la
« commisération publique, dit encore Ta-
« cite, s'élevait en faveur de ceux qu'on fai-
« sait périr ainsi, bien moins pour l'utilité
« de tous, que pour la satisfaction d'un
« seul. »

N'oublions pas que c'est un auteur païen qui parle, c'est-à-dire un homme imbu de préjugés contre les disciples de Jésus-Christ ; c'est ce qui explique la placidité

avec laquelle il raconte des choses si ef-
frayantes ; mais nous n'avons pas voulu
altérer son texte.

Ce fut vraiment un honneur, pour la
religion chrétienne, d'avoir eu pour premier auteur des persécutions qui de-
vaient durer trois siècles, un monstre tel
que Néron, meurtrier de sa mère, de son
frère et de ses amis. Mais, juste retour
des choses d'ici-bas, ni sa maison d'or,
nom qu'il avait donné à son palais, ni ses
jardins ne subsistèrent longtemps ; un incendie consuma le somptueux édifice. Vespasien et Titus firent disparaitre les jardins
pour y établir le Colisée et des Thermes.

Traqués comme ils l'étaient, de toutes
parts, les chrétiens durent songer à se pro-
curer des lieux de retraite. Ils ne purent en
trouver que dans les entrailles de la terre.

Au dessous donc de ces carrières d'où l'on tirait la pouzzolane et le tuf employés pour les constructions, ils firent, dans un sol moins résistant, des excavations qui servirent à leurs sépultures d'abord, et plus tard, à leurs assemblées religieuses.

Les catacombes, dont il nous a été donné de visiter quelques parties, sont de longs corridors, larges d'un mètre et demi à peine, qui se croisent dans tous les sens et sillonnent à une assez grande profondeur, le terrain sur lequel Rome est assise. Dans certains endroits elles ont jusqu'à trois étages superposés. On assure que leur développement est de douze cents kilomètres environ (1). A droite et à gauche,

(1) Ce chiffre, au premier abord, peut paraitre exagéré, mais il faut se souvenir qu'il est le résultat de trois siècles de travaux continus.

les parois de ces galeries funèbres sont
garnies de cinq à six rangs de niches,
oblongues, disposées horizontalement. Jadis elles étaient fermées par des briques,
des pierres polies, ou des plaques de
marbre sur lesquelles on inscrivait le nom
du défunt et quelques pensées pieuses.
Lorsqu'il s'agissait d'un martyr, on dépo-
sait près de ses restes une fiole remplie
de son sang, et l'on gravait sur la plaque
qui fermait le sépulcre, la figure des instruments de son supplice, réunis à la palme,
signe de victoire. Aujourd'hui, la plupart
de ces niches sont vides.

De loin en loin, semblables à des carrefours, s'ouvrent des espaces plus larges,
ornés de peintures symboliques, car, dans
ces temps de persécution, les mystères de
la foi n'étaient représentés que par des em-

blêmes. Fréquemment c'est le bon Pasteur qui tient sur ses épaules la brebis égarée ; c'est la représentation du paralytique emportant son grabat, allusion au sacrement de pénitence, qui décharge l'âme de ses péchés et lui rend le mouvement et la vie ; c'est la multiplication des pains, image de la sainte Eucharistie ; ce sont les agapes, figure peut-être plus sensible encore de ce sacrement ; c'est Moïse faisant jaillir du rocher l'eau qui symbolise celle du baptême. D'autres fois de simples emblèmes, tels que la colombe, le cerf, l'ancre, la palme, le poisson, signes caractéristiques de l'innocence, de l'ardeur de l'amour divin, de la vertu d'espérance, du triomphe par la mort et, enfin, de Notre-Seigneur Jésus-Christ, dont le poisson, en grec ιχθυς, est l'anagramme : ce mot signifie, en effet,

Jésus-Christ, Fils de Dieu, Sauveur.

Dans ces carrefours, sur le tombeau
d'un martyr servant d'autel, abrité par un
arc en maçonnerie, on célébrait les saints
mystères, et aujourd'hui encore, lorsque
le prêtre, montant à l'autel, baise la pierre
sacrée qui renferme des reliques des saints,
il rappelle le souvenir des catacombes.

Les chrétiens seuls connaissaient la to-
pographie de ces labyrinthes, dont les voies
multiples étaient illuminées par des milliers
de lampes d'argile. Cependant, il arrivait
quelquefois que des cohortes romaines se
hasardaient dans ces souterrains ; alors
les lampes s'éteignaient et les soldats, n'o-
sant s'aventurer dans un dédale de rues
obscures, se retiraient en murant les issues. Beaucoup de chrétiens périrent ainsi
sous Néron, dans une catacombe de la

voie Salaria. Mais quelquefois aussi les prétoriens pénétraient jusqu'à l'une des chapelles dont nous venons de parler, et un Pape y fut massacré à l'autel. Ainsi les retraites souterraines n'étaient pas toujours des asiles sûrs pour les chrétiens.

Il y a vingt ans environ, on a découvert dans la catacombe de sainte Priscille l'une des plus anciennes images connues de la sainte Mère de Dieu. A en juger par le style de cette peinture, la coupe et la disposition des vêtements, elle remonte au second siècle. Marie est représentée assise, tenant son divin Fils sur ses genoux; elle a sur sa tête le voile blanc des vierges, porte une tunique à manches courtes et le pallium. Au-dessus se voyait une étoile, presque entièrement effacée aujourd'hui.

A l'époque où l'armée française occupait
Rome, après avoir relevé le trône du Souverain Pontife Pie IX, un détachement de
nos soldats s'acheminait, un jour, à travers
les circuits de ces labyrinthes ; parvenus
devant l'image de Marie, ils entonnèrent
un cantique en son honneur. Ce fut un
moment solennel : l'obscurité de ces lieux,
que dissipait imparfaitement l'éclat des
bougies, comprimé par un air lourd et
humide, ces sépulcres ouverts, le souvenir
des persécutions devenu, en quelque sorte,
sensible, tout cela remplissait les âmes
d'une indicible émotion : et quand on pré-
tait l'oreille aux chants répercutés par
les échos de ces souterrains, on était tenté
de se demander si ce n'étaient pas les
martyrs qui, revenus dans leurs couches
funèbres, mêlaient leurs voix à celles de

nos guerriers, pour louer celle que toutes les générations bénissent.

Nous avons nommé, tout à l'heure, le Colisée; en présence des ruines de ce monument gigantesque, démantelé par l'action du temps, mais, plus encore, par la main des hommes, on aime à le rétablir dans son imagination, tel qu'il était au moment de sa plus grande splendeur. L'histoire nous apprend qu'il fut commencé par Vespasien et terminé par Titus. Ce dernier employa à l'œuvre les Juifs faits prisonniers à Jérusalem; douze mille succombèrent à la peine. La dédicace, célébrée dix ans après, donna lieu à des fêtes magnifiques, qui ne durèrent pas moins de cent jours. Toutes les variétés de plaisirs furent épuisées : chasses, combats d'éléphants, combats de gladiateurs, batailles

terrestres, batailles navales. Trois mille
hommes combattirent à la fois et cinq mille
bêtes furent tuées en un seul jour. Enfin,
on jeta aux assistants des billets dont quelques-uns gagnaient jusqu'à des esclaves,
des vases d'or et des navires.

Le Colisée est de forme elliptique : son
grand axe mesure 200 mètres ; le plus petit,
167. L'édifice est construit en marbre fort
dur et résistant au feu. A l'extérieur il a 49
mètres de haut. La décoration se compose
de quatre ordres d'architecture superposés.
La terrasse qui termine le monument, portait d'immenses poutres destinées à soute-
nir le *velarium*, par lequel les spectateurs
étaient garantis du soleil.

Nous empruntons à l'un des écrivains
les plus célèbres de notre siècle, la peinture des jeux, suivant le terme adopté, qui

avaient lieu dans l'amphithéâtre. Se repor-
tant, par la pensée, au temps des empereurs, voici comment il décrit ces jeux :

« Cent mille spectateurs sont répandus
sur les gradins ; la foule vomie par les
portiques, descend et monte le long des
escaliers, et prend son rang sur les marches
revêtues de marbres ; des grilles d'or dé-
fendent le banc des sénateurs de l'attaque
des bêtes féroces. Pour rafraîchir l'air, des
machines ingénieuses font monter des
sources de vin et d'eau safranée, qui re-
tombent en rosée odoriférante. Trois mille
statues de bronze, une multitude infinie de
tableaux, des colonnes de jaspe et de porphyre, des balustres de cristal, des vases
d'un travail précieux décorent la scène.
Dans un canal creusé à l'entour de l'arène,
nagent un hippopotame et des crocodiles.

Cinq cents lions, quarante éléphants, des tigres, des panthères, des taureaux, des ours accoutumés à déchirer des hommes, mugissent dans les cavernes de l'amphithéâtre; des gladiateurs, non moins féroces, essaient çà et là leurs bras ensanglantés.

« Le son de la trompette se fait entendre, c'est l'annonce de l'apparition des bêtes. Le chef des rétiaires traverse l'arène, il vient ouvrir une des loges qui les renferment, et s'enfuit effrayé. La trompette sonne une seconde fois, les animaux féroces s'élancent, en rugissant, dans l'arène; un mouvement involontaire fait tressaillir les spectateurs. »

Ce qui devait se passer ensuite, et ce que l'écrivain n'a pas écrit, est facile à imaginer. Exposés sans défense aux attaques

des lions et des tigres, les chrétiens, car
c'étaient eux qui, le plus souvent, faisaient
les frais de ces horribles spectacles, sont
déchirés par les griffes et les dents des
bêtes que stimule le double aiguillon de
la faim et de leur instinct carnassier. Le
sang ruisselle, les os brisés craquent, et,
pendant que les spectateurs applaudissent,
les âmes des martyrs s'envolent au ciel,
accompagnées par les anges qui ont été
les témoins de leurs souffrances.

C'est ainsi que la religion s'est propagée
sur la terre ; voilà ce qui arrachait à l'A-
pôtre bien-aimé ce cri d'admiration et de
triomphe ! *hæc est victoria quæ vincit
mundum, fides vestra,* « la victoire qui a
vaincu le monde, c'est votre foi. »

Quelques mots maintenant sur la Rome
moderne et sur les trésors les plus précieux

qu'elle possède. Ces trésors, venus de Jérusalem et de Byzance, sont : la crèche où
est né le Christ, les langes qui servirent à
l'emmailloter (1), la table sur laquelle il
institua l'Eucharistie (2).

On voit encore à Rome l'escalier que
Jésus monta plusieurs fois en se rendant
chez Pilate, la colonne où il fut flagellé (3),
une grande partie de la croix sur laquelle
il versa son sang (4), l'un des clous qui
servirent à l'y attacher (5), l'écriteau sur
lequel on lisait : « *Jésus de Nazareth, roi
des Juifs* (6), » la lance qui lui perça le

(1) A Sainte-Marie-Majeure.
(2) A Saint-Jean-de-Latran.
(3) A Sainte-Praxède.
(4) A Saint-Pierre.
(5 et 6) A Sainte-Croix-en-Jérusalem.

cœur (1), et, pour compléter la nomenclature, le voile de la sainte femme qui essuya la face de l'Homme-Dieu (2) ; enfin, les vestiges des pieds du Sauveur, quand il apparut à saint Pierre pour l'encourager au martyre (3). Plusieurs de ces reliques insignes ne sont visibles qu'à de rares intervalles, mais n'est-ce pas une grande chose, déjà, de savoir qu'elles sont là, de pouvoir les vénérer en esprit ?

Après les souvenirs de Celui qui a racheté le monde, viennent les vestiges des hommes dont il s'est servi pour établir son Eglise. C'est ici, dit-on, que saint Paul a écrit quelques-unes de ses épîtres (4); sur

(1 et 2) A Saint-Pierre.

(3) A Saint-Sébastien.

(4) A Sainte-Marie in via Lata.

cette table de bois, saint Pierre offrait la victime de propitiation (1) ; la chaise curule, d'où il instruisait les fidèles, est devenue un des ornements de la basilique vaticane. Revêtue de bronze, elle s'élève, comme la chaire principale, portée par les colossales statues des quatre grands docteurs de l'Orient et de l'Occident.

Les honneurs dont la mémoire du prince des Apôtres est environnée, ne peuvent faire oublier néanmoins à quel prix cette gloire lui fut acquise. On conserve, au mont Aventin, les chaînes dont il a été lié par deux fois. Au bas du Capitole, on descend dans la prison Mamertine, rendue illustre par la détention qu'il y a subie ; l'eau miraculeuse avec laquelle il baptisa ses geô-

(1) A Saint-Jean-de-Latran.

liers Martinianus et Proculus, coule encore. Au mont Janicule, on voit le trou où
reposait la croix renversée, sur laquelle il
rendit le dernier soupir.

Plus loin, hors des murs de la ville, saint
Paul a été frappé du glaive, et sa tête,
bondissant par trois fois, a fait surgir trois
fontaines.

La conduite de la Providence envers les
Apôtres se retrouve dans l'histoire de leurs
successeurs. Si les Catacombes sont glo-
rieuses, si leurs sépulcres, vides aujour-
d'hui, inspirent tant de respect, c'est qu'il
gardent la mémoire des martyrs : invinci-
bles athlètes, véritables témoins du Sauveur, parce que leur force surhumaine a
prouvé la divinité de sa doctrine.

Toute l'architecture religieuse est sortie
des Catacombes. Sans doute, la distance est

grande entre la simplicité de ces chapelles primitives et la splendeur de certains de nos sanctuaires actuels ; mais la ferveur des temps héroïques suppléait à tout, puisqu'elle allait jusqu'au sacrifice de la vie.

L'histoire de nos origines se trouve aussi dans les premières églises qui furent édifiées en plein air, et, d'abord, dans celle de Sainte-Marie, au delà du Tibre : on y montre l'endroit où, à la naissance du Christ, l'huile jaillit de terre et coula avec abondance.

La basilique construite sur l'emplacement du temple de Jupiter, au Capitole, est célèbre par la vision qu'y eut l'empereur Auguste. On dit que la Mère de Dieu lui apparut, entourée d'un cercle d'or, et tenant l'Enfant Jésus dans ses bras. C'était une prise de possession de la ville, dont la fortune, jusque-là, semblait attachée à ce temple. Une des colonnes qui soutiennent l'édifice actuel y a été transportée de l'appartement le plus intime des Césars, comme pour perpétuer l'usage d'apporter les dépouilles des vaincus, dans ce lieu qui domine Rome tout entière. Une image de la Vierge, que l'on dit avoir été peinte par saint Luc, occupe la place où l'on adorait la statue du maître de l'Olympe, et le tombeau de l'impératrice sainte Hélène est là, comme pour attester que les maîtres du monde se sont faits chrétiens à leur tour.

Un peu plus loin se trouve l'endroit où le prince des Apôtres priait, quand Simon le magicien tomba des airs, abandonné par les démons qui l'avaient jusqu'alors soutenu. En témoignage de sa victoire, le premier des Papes a laissé sur la pierre la

forme de ses genoux, miraculeusement im-
primée.

Deux églises superposées et un troisième
oratoire plus profondément enfoui, forment un ensemble de constructions placées sous le titre de Saint-Clément. Des
peintures appréciées à bondroit, et de bril-
lantes colonnes recommandent l'église in-
termédiaire à l'attention de l'archéologue.
La basilique bâtie au-dessus, remarquable
par la pureté de ses formes, qui firent
croire pendant longtemps à une origine
plus ancienne, conserve le corps du second successeur de saint Pierre et les
restes de saint Ignace d'Antioche, qui dé-
sira d'être broyé par les dents des bêtes,
pour devenir un pur froment offert au
Dieu dont le nom était gravé dans son
cœur.

Ainsi, tous les premiers siècles chrétiens
ont dans les vieilles églises de Rome des
monuments de leur merveilleuse histoire.
L'église de Sainte-Cécile abrite une des
salles du palais que la jeune patricienne
habita ; on y reconnaît un appareil antique
de bains, le plus complet qui existe : là,
cette vierge que les bourreaux avaient lais-
sée à demi morte, vécut encore plusieurs
jours, encourageant par son exemple les
chrétiens accourus pour assister à ses derniers instants. Le récit d'une vie si pure et
d'une si glorieuse mort, a été gardé de
siècle en siècle, et il est venu jusqu'à nous,
brillant comme un épisode d'un grand
poème.

Quel poème plus splendide, en effet, que
celui qui raconterait les triomphes d'une
grande multitude de martyrs ? Toutes les

conditions, tous les âges ont fourni leur
contingent à cette invincible légion. Une
jeune enfant, Agnès, triomphe de la barbarie comme des caresses des persécu-
teurs, et, aujourd'hui, des temples magnifiques recommandent sa mémoire à la vé-
nération des peuples. La basilique placée
sous son nom, qui s'élève hors des murs
de la ville, mériterait qu'on lui consacrât
plusieurs pages. Bâtie par l'empereur Constantin, seule entre toutes les autres de la
même époque, malgré quelques restau-
rations qui n'ont pas modifié son aspect,
elle est un type parfait de nos sanctuaires,
au sortir des Catacombes. Ce lieu, pour le
dire en passant, est devenu doublement
célèbre, depuis que le Souverain Pontife
Pie IX y a été providentiellement protégé.

Il serait trop long de consacrer quelques

lignes à chaque basilique : dans l'une, on fait voir le puits où la vierge Praxède recueillait les restes sanglants des martyrs dérobés à l'amphithéâtre ; dans l'autre, c'est la table de pierre qui servait de lit à sa sœur ; Pudentienne préludait ainsi par des austérités volontaires aux rigueurs prévues des derniers combats. L'église de Sainte-Suzanne conserve les restes de celle qui refusa le fils de Dioclétien pour époux. Le corps de saint Sébastien repose dans la basilique placée sous son nom. Voici la colonne où ce vaillant capitaine fut lié, et l'une des flèches avec lesquelles ses propres soldats le percèrent.

Dans la crypte de Sainte-Martine, une célèbre inscription révèle le nom de celui auquel Rome dut le plus colossal de ses édifices. L'architecte du Colisée, Gaudentius, converti à la foi chrétienne, reçut pour prix de son œuvre la mort qui consacrait les martyrs.

A Saint-Laurent *in Lucina*, on voit le gril sur lequel le saint diacre fut brûlé, et dans une autre église, hors des murs, dédiée sous le même vocable de saint Laurent, le marbre où étaient répandus les charbons qui servirent à lui faire consommer son sacrifice.

Après les monuments du premier âge, citons-en quelques-uns de ceux que nous ont légués les autres siècles. A Sainte-Marie *in Cosmedin,* une image de la Vierge, apportée d'Orient à l'époque de la persécution des Iconoclastes ; au mont Cœlius, le corps de saint Grégoire le Grand ; sur l'Aventin, celui de saint Alexis et l'escalier qui servit de retraite à cet inimitable pénitent lorsqu'il vécut ignoré dans la propre maison de son père.

Arrivons au moyen-âge ; la mémoire de saint Dominique est rappelée au couvent de la Sabine par une partie de sa modeste cellule et un oranger que ce grand patriarche a planté il y aura bientôt sept cents ans.

Rome n'a qu'une église ogivale ; on y conserve les reliques de sainte Catherine de Sienne, dont les conseils eurent une grande influence sur les événements de son époque, chrétienne mais agitée.

La Renaissance a pour représentant saint Ignace ; visitons la chambre où il est mort et où sont venus prier presque tous les saints personnages des XVIe et XVIIe siècles. Dans l'église attenante, sont conservées ses reliques et un bras de saint François-

Xavier qui baptisa tant de milliers d'infidèles.

Cette époque de la Renaissance a été féconde en grands saints; plusieurs ont laissé à Rome des traces de leur passage. Là, est la chambre du bienheureux Berckmans; à côté, celle de saint Louis de Gonzague; plus loin, l'emplacement de la cellule où, sur le point d'expirer, saint Stanislas-Kotska vit la Vierge qui venait à lui, entourée d'esprits bienheureux. Le tombeau de cet adolescent illustre, est incrusté de lapis-lazuli et d'or; des lis lui servent d'ornements et des lampes placées tout autour l'éclairent d'une mystérieuse lueur. Il y a un charme inexprimable dans les souvenirs de la jeunesse unis à ceux de la sainteté.

Voyez sur le mont Palatin ce couvent dont les murs noircis et les corridors étroits attestent la pauvreté ; il rappelle le nom de saint Bonaventure ; le Bienheureux Léonard de Port-Maurice l'habita. On peut visiter sa cellule, garnie des instruments de sa pénitence, et vénérer ses reliques. Il y a plus de cent ans que le saint religieux est mort ; on dirait qu'il n'est qu'endormi.

Allons prier encore auprès des restes du vénérable fondateur des Passionnistes et devant ceux de saint Philippe de Néri. Mais que sont devenus ces souvenirs des saints ? — La plupart des couvents de Rome ont été ravis à leurs possesseurs. Le voile des vierges consacrées à Dieu ou la robe de bure des enfants de saint Dominique et de saint François ne se promènent plus dans leurs cloitres. Sans doute, les reliques ont été conservées, mais les lieux qu'habitaient les fondateurs des grands ordres monastiques ont été dénaturés en partie et appropriés à des usages d'où tout souvenir religieux est banni.

Donnons un coup d'œil cependant aux drapeaux conquis sur la flotte ottomane à la bataille de Lépante, qui se croisent sous les voûtes de Sainte-Marie-de-la-Victoire, avec ceux que Sobieski y envoya après la délivrance de Vienne.

Enfin disons un mot sur une église à laquelle se rattache le souvenir plus récent d'un fait qui eut naguère un grand retentissement dans le monde : devant cette image de la Vierge, un juif s'est jeté à genoux, puis il s'est relevé chrétien. Ce miracle de la grâce, obtenu par l'intercession de Marie, est représenté sur le mur de la chapelle qui en a été témoin.

La revue que je viens de faire a pu paraitre un peu longue; que de choses cependant j'ai été obligé d'omettre! Combien d'églises remarquables par des restes d'antiquité ou les reliques qui les enrichissent j'ai dû passer sous silence! Le Panthéon d'Agrippa et le tombeau de Raphaël; le couvent de Saint-Onufre et le souvenir du Tasse; la basilique de Saint-Cosme et Saint-Damien au Forum, avec sa belle mosaïque du VIe siècle; Saint-Laurent, hors des murs; Saint-Etienne-le-Rond, ancien temple de Bacchus. dont les murs doivent être étonnés de reproduire de trop véridiques représentations des supplices infligés aux martyrs; Saint-Sylvestre, Sainte-Bibiane et tant d'autres! Encore n'ai-je rien dit des grandes basiliques: Saint-Pierre, Saint-Jean-de-Latran, mère de toutes les églises, comme le rappelle l'inscription gra-

vée sur son portique, Sainte-Marie-Majeure, Sainte-Croix-en-Jérusalem ; rien du
baptistère de Constantin, de ses colonnes
de porphyre et de ses portes de bronze
transportées des thermes de Caracalla ;
rien de la moderne mais somptueuse basilique de Saint-Paul, avec sa forêt de colonnes, la profusion de ses marbres, son ab-
side antique sauvée des flammes et la belle
mosaïque, si bien restaurée, de son arc
triomphal, qui a fait revivre la mémoire
d'Honorius et de Placidie. C'est que, dans
l'impuissance où j'étais de tout rappeler,
j'ai voulu grouper mes citations autour
d'une idée principale, celle du dévouement
chrétien. Que sont, en effet, toutes ces
vieilles basiliques et les reliques qu'elles
abritent, sinon des monuments qui attestent ce dévouement généreux ?

Il y aurait peu de lacunes dans ces monuments, si les architectes de la Renaissance eussent respecté un peu plus les œu-
vres de leurs devanciers. Oh! qu'il fut bien
inspiré le savant cardinal Baronius, lorsque, après avoir fait rétablir l'église des
saints Nérée et Achillée dans son état pri-
mitif, il y fit placer cette inscription : « Qui
« que tu sois, cardinal-prêtre, mon succes-
« seur, pour la gloire de Dieu et par le mé-
« rite de ces saints martyrs, n'enlève rien,
« ne supprime rien, ne change rien; garde
« pieusement l'antiquité rétablie ; qu'ainsi
« Dieu, par les prières de ces saints mar-
« tyrs, te soit toujours en aide! »

Mais ce dévouement chrétien dont nous
avons recherché les traces, n'est pas le pri-
vilége exclusif des âges qui ont précédé le
nôtre ; il est de toutes les époques, et na-

guère encore, on le trouvait vivant dans ces soldats accourus de toutes les contrées pour défendre le dernier abri de l'indépendance pontificale, aujourd'hui renversée. Parmi eux, plusieurs appartenaient à d'opulentes familles, d'autres, et en grand nombre, étaient nés dans des rangs où les privations ne sont pas connues. Je les ai vus, revêtus d'un uniforme sans éclat, vivant de la vie des casernes, assujettis aux corvées. Rien n'attirait sur eux les regards; ils étaient prêts, comme leurs devanciers de Castelfidardo et de Mentana, à aller sur un champ de bataille quelconque pour la religion et la papauté; et si, dans le dernier combat qu'ils ont soutenu en défendant ces vieilles murailles de Bélisaire qu'un coup de canon pouvait renverser, tous ne sont pas morts en martyrs, c'est que celui pour la cause duquel ils combattaient n'a pas voulu d'un sacrifice que le trop grand nombre des assaillants rendait inutile.

Beaucoup s'en sont dédommagés peu après, en versant pour la patrie un sang qui appartenait à.la défense des grandes causes. Ils ont fait voir ce dont étaient capables ceux que, par dérision, on appelait les fils des croisés, c'est-à-dire de ces vaillants hommes auxquels, malgré toutes les sottises de certains romanciers de notre siècle, travestis en historiens. il sera toujours vrai de dire que l'Europe a dû de n'être pas envahie par la barbarie musulmane. Chose étrange, que la haine de la religion peut seule expliquer, nos ennemis ont été plus justes envers les zouaves pontificaux que beaucoup de Français : ils ont rendu

hommage à leur valeur, et l'impartiale histoire inscrira le combat de Patay au nombre des grands faits d'armes de notre époque.

Revenons à notre sujet. Les souvenirs
que la Ville éternelle rappelle ont eu pour
gardiens les Papes, qui seuls peuvent les
conserver tout entiers. C'est parce que
Rome était leur ville qu'on y trouve tant
de richesses artistiques, tant de basiliques
somptueuses, tant de monuments des premiers siècles, que les statues de Constantin et de Charlemagne sont placées sous le
péristyle de Saint-Pierre, comme des sym-
boles de la puissance des princes mise au
service de la vérité. Si Rome venait à perdre
ce qui lui attire encore tant d'hommages,
le Pontife Souverain, elle pourrait, comme
par le passé, recevoir les visites des artis-

tes et des antiquaires, jaloux d'admirer ses
ruines grandioses et les chefs-d'œuvre
dont elle est peuplée ; mais la chaîne qui
rattache à elle toutes les nations de la terre
serait rompue, la ville qui est le centre du
monde ne serait plus que la capitale d'un
Etat européen ; elle ne verrait plus ces
fêtes religieuses auxquelles la splendeur
du Pontificat souverain donnait tant d'é-
clat.

Quand, aux jours de ces solennités, le
Pape se montrait, dans la basilique Vaticane, la plus vaste des églises de la terre,
sous cette coupole que le génie de Michel-
Ange a élevée à une si prodigieuse hauteur, alors que le Vicaire de Jésus-Christ
montait à l'autel, la face tournée vers le
peuple, à la manière antique, entouré de
ses cardinaux et des évêques venus de

toutes les contrées, en présence des ambassadeurs, des princes, quelquefois même des rois et des empereurs, ayant devant lui la foule des assistants, au nombre de trente mille et plus , c'était comme une des grandes assises de la chrétienté, le sacrificateur suprême offrant la victime sainte pour le genre humain tout entier.

Venait ensuite la bénédiction donnée en plein air, et dont la pompe majestueuse restera gravée dans le souvenir de ceux qui en ont été témoins ; reportons-nous par la pensée à ce jour solennel.

Longtemps avant l'heure fixée pour cette bénédiction solennelle, la vaste place qui précède la basilique de Saint-Pierre est couverte d'un peuple immense ; les rangs sont si pressés que la moindre parcelle de terrain usurpée sur cette foule en ferait déborder les flots. Là se trouvent réunis des hommes qui appartiennent à toutes les contrées de la terre ; on y voit les costumes de tous les pays, on y entend parler toutes les langues. Rome seule peut offrir un spectacle aussi varié.

Mais voilà que le Souverain Pontife a paru : tous les regards se dirigent vers la loge centrale de la basilique Vaticane ; une immense acclamation s'élève, soudaine comme l'éclair, formidable comme la tempête ; les cris de Vive le Pape ! Vive le Pontife-Roi, se croisent, se répercutent, se multiplient ; les chapeaux volent dans les airs, les mouchoirs s'agitent, les mains applaudissent. Excités par le bruit de cette multitude, les chevaux des escadrons ou des équipages princiers qui entourent la place, frappent du pied et hennissent ; on

dirait qu'il veulent, eux aussi, à leur manière, s'associer à cette explosion de joie.

Le Pape fait un signe, et, avec la promp-
titude de la pensée, tout ce fracas s'apaise;
la foule est devenue silencieuse. Quelle est
donc cette puissance qui commande avec
tant d'empire, à laquelle l'enthousiasme
même obéit !

Cependant le livre des prières a été ou-
vert, le Pape étend les bras, comme pour
embrasser le monde, et, avec un geste su-
blime, les ramène sur sa poitrine, afin, ce
semble, de l'attirer tout entier à lui. Puis
il lève les yeux au ciel, et, d'une voix retentissante, prononce la formule sacrée : *Benedicat vos omnipotens Deus...* Tous les
fronts se sont inclinés, les troupes, mas-
sées sur la place, ont présenté les armes ;
alors, les trompettes sonnent, les fanfares

retentissent, les cloches de toute la ville
envoient leurs joyeuses volées, tandis que
la grande voix des canons du château
Saint-Ange va porter au loin une sorte de
majestueux *amen* dont le bruit éveillera
les échos des montagnes de la Sabine.
Mais là ne se bornent pas les effets d'une
bénédiction que, dans la plénitude de son
autorité spirituelle, le Pontife a donnée à la
Ville et au monde, *urbi et orbi*, elle traverse l'océan et va, jusqu'aux extrémités
de notre globe, partout où il y a des chrétiens. La foule se relève, les vivats, les
cris de joie, toutes les démonstrations
enthousiastes renaissent ; on dirait que la
multitude est prise d'une sorte de délire.

Le Pape contemple quelques instants ce
tableau grandiose, donne une seconde bénédiction en silence, et se retire.

A son tour la foule s'écoule, mais avec lenteur. Malgré l'insuffisance des issues et les rues trop étroites, aucun accident ne survient ; on dirait que les anges de Dieu la guident : chacun, du reste, est encore sous le charme de l'impression qu'il vient d'éprouver.

Si ceux qui croient à la fin prochaine du catholicisme avaient assisté à ce magnifique spectacle de la bénédiction papale, ils auraient compris qu'une religion qui exerce un tel empire sur les multitudes, a des promesses d'immortalité.

Tout cela, il est vrai, n'est plus qu'une page d'histoire. Les voies de Sion pleurent parce qu'il n'est plus personne qui vienne à ses solennités. La Reine des nations est devenue semblable à une veuve, car celui qui en était l'âme est comme captif dans son palais, seul abri de sa haute majesté.

Mais cette sorte de captivité n'est pas sans gloire. A défaut des religieuses cérémonies de la basilique Vaticane et des enthousiasmes de la place publique, le Pape voit à ses pieds des pèlerins venus de tous les points du globe, pour reconnaitre son souverain empire sur les âmes. Ainsi, toutes les nations affirment qu'il est le représentant du Christ, le ministre du Dieu Sauveur. — Et quand, au sortir de ces audiences vraiment royales, où, comme dans un nouveau Cénacle, tous les idiomes se sont accordés pour affirmer les mêmes croyances, professer les mêmes sentiments, on se retrouve en face de ces grandes ruines, témoins de la puissance éclipsée d'un peuple qui a dominé l'univers, on sent mieux

combien tout ce qui passe est fragile, et
qu'une seule chose survit aux révolutions
des empires: l'Eglise, établie par Dieu même, toujours soutenue par sa main puis-
sante, et contre laquelle les portes de l'enfer
sont impuissantes à prévaloir jamais.

INTÉRIEUR DE LA SAINTE MAISON DE NAZARETH

NOTRE-DAME DE LORETTE

ON loin des rives de l'Adriatique, sur le sommet d'une colline où conduit une route en pente douce, s'élève la petite ville de Lorette. C'est là que, vers la fin du XIIIe siècle, les anges déposèrent, un jour, la maison habitée par la Sainte Famille, à Nazareth.

L'Europe entière s'émut en apprenant ce fait merveilleux. Que les faiseurs d'itinéraires et de dictionnaires géographiques n'y voient qu'une simple légende, qu'importe ? on pourra toujours leur répondre avec un protestant de bonne foi : « Nier tout cela est facile ; l'expliquer c'est autre chose. » La Sainte Maison est à Lorette depuis des siècles, elle n'y a pas toujours été, d'où vient-elle ? En dehors de l'histoire qui atteste la miraculeuse translation, aucune réponse satisfaisante n'est possible.

La petite ville de Lorette, où a été déposée la Sainte Maison de la Vierge, est entourée de murailles, construites au XIVe siècle, pour la mettre à l'abri des incursions des corsaires turcs. Bien qu'on ait bâti, depuis, un certain nombre de maisons hors de cette enceinte, la ville consiste presque exclusivement en une longue rue, où sont établis les marchands de chapelets et autres objets de piété. Il est probable qu'anciennement, l'église même était fortifiée, car ses cinq absides ont encore à l'extérieur l'apparence des tours du moyenâge. C'est tout ce qui reste des constructions primitives de cet édifice. Remanié dès le temps du Pape Paul III, en 1464, il a été entièrement transformé par Bramante, sous le pontificat de Jules II. Clément VII y ajouta une coupole, et Sixte V, une façade en 1587. Depuis on y a fait encore des réparations.

Aperçus de loin, les absides, le dôme, bien que son profil n'ait pas la grâce des coupoles de quelques églises de Venise, le clocher, assez élancé, et la maison des chanoines forment un ensemble d'un aspect pittoresque. Mais, quand on voit tout cela de près, on devient plus sévère. Cette architecture, d'une époque de décadence,

n'a rien de bien merveilleux. Au milieu de
la façade on remarque une statue de la
Vierge en bronze, et une petite plaque de
marbre blanc, sur laquelle on lit cette inscription, d'une noble simplicité :

Deiparæ Domus
in quâ
Verbum caro factum (1).

La place qui précède est un carré long,
dont l'église forme un des côtés ; deux autres sont bordés d'un double étage de portiques en briques, avec des colonnes en-
gagées, qui rappellent un peu le Colisée,
vu à l'extérieur. Le quatrième côté est occupé par un bâtiment sans style.

(1) Maison de la Mère de Dieu dans laquelle le
Verbe s'est fait chair.

Au milieu de la place se voit une fontaine. Elle consiste en plusieurs vasques de marbre blanc superposées, avec ornements et statuettes en bronze.

La statue de Sixte V surgit sur le péristyle de l'église, à laquelle donnent accès trois portes de bronze, correspondant aux nefs. Celles-ci ont des proportions considérables, mais on est surpris de ne pas y trouver cette richesse d'ornementation à laquelle on est habitué, quand on vient de Rome. Peut-être aussi que cette espèce de nudité relative a pour but d'attirer les regards sur les sculptures qui décorent l'extérieur de la Sainte Maison de Nazareth. Tous les mystères de la vie de la sainte Vierge y sont représentés par des bas-reliefs de marbre blanc, avec une grande perfection de détails. Au nord, la

Naissance de la Vierge et son Mariage avec saint Joseph ; puis un groupe remarquable de Sibylles. Sur la face occidentale, où se trouve l'unique fenêtre de la *Santa Casa*, contre laquelle est appuyé le maître-autel de l'église, on voit, dans des compartiments plus petits, l'Annonciation, la Visitation et le Recensement de Bethléem. Du côté sud, la Nativité du Christ et l'Adoration des Mages. A l'est, la Mort de la sainte Vierge et la Translation de la Sainte Maison de Nazareth.

Dans des niches disposées à l'entour, se trouvent les statues des Prophètes qui ont prédit diverses circonstances relatives à la sainte Vierge : Jérémie, Ezéchiel, Malachie et David ; des Sybilles y ont aussi leur place, car Dieu a voulu que les organes mêmes des démons annonçassent à leur manière la venue de son Fils dans le monde. Des groupes d'anges sont disposés au-dessus des portes, qui sont au nombre de quatre. Jadis, il n'y en avait qu'une; les trois autres ont été ouvertes pour la symétrie et les besoins du service; toutes se ferment avec des grilles en fer.

Placée sous la coupole de l'église, la Sainte Maison mesure 10 mètres 60 de longueur, sur 4 mètres 36 de large et 6 mètres 21 de hauteur. Elle est construite en pierres rougeâtres et de petit appareil. Ces pierres sont visibles; les architectes des xvie et xviie siècle ont eu le bon goût de ne pas dénaturer un intérieur aussi vénérable que celui d'une habitation qui fut celle de Marie, de Joseph et du Sauveur lui-même. Aussi est-ce à bon droit qu'on a gravé sur l'une des portes, ces mots dont on com-

prend, je devrais dire, dont on sent ici
toute la valeur :

Nullus in orbe locus prælucet sanctior isto.
Aucun lieu dans le monde n'est plus saint que celui-ci.

Les inscriptions qu'on lit sur les autres
portes redisent de diverses manières la
même vérité ; elles rappellent aussi que le
mystère de l'Incarnation s'est accompli
dans cette demeure où la sainte Vierge est
née, où elle a habité en compagnie de l'En-
fant-Dieu et des anges. Malheureusement
ces légendes, dont l'effet aurait été saisis-
sant si elles avaient été formulées d'une
manière simple et concise, sont délayées
dans quatre distiques latins d'un style em-
brouillé et prétentieux. Décidément l'époque qu'on a décorée du nom de Renaissance, ne connaissait guère le secret de
toucher les cœurs chrétiens.

Voici ces vers :

Nullus in orbe locus prælucet sanctior isto
Quaque cadit Titan, quaque resurget acquis.
Templa alibi posuere patres. sed sanctius istud.
Angelicæ hic turmæ, Virgo, Deusque locavit.
Illotus timeat quisquis intrare sacellum
In terris nullum sanctius orbis habet.
Sanctior hæc ædes quidni sacri principe Petro
Verbum ubi conceptum, nataque Virgo parens (1).

---

(1) Aucun lieu dans le monde n'est plus saint que celui-ci, — partout où le soleil se couche, ou sort le matin des ondes. — Nos pères ont construit des temples ailleurs, mais celui-ci est le plus saint. — Ici les troupes angéliques, la vierge et Dieu même ont habité. — Que celui qui n'est pas pur craigne d'entrer dans ce sanctuaire — l'univers n'en a pas de plus saint. — Elle est plus sainte que celle de saint Pierre, prince des apôtres, cette demeure où le Verbe a été conçu et ou la Vierge sa mère est née.

Examinons maintenant l'intérieur de la
Sainte Maison. Dans le mur oriental est
pratiquée une niche qui abrite une statue de
la Vierge. Cette statue, d'un mètre environ
de hauteur, est en bois de cèdre : on ignore
son origine, mais elle se trouvait dans la
Santa Casa au moment de son arrivée.
Enlevée en 1798, lors de l'invasion française, et mise dans le musée national à Paris, comme objet de curiosité, elle fut rendue en 1802, par le général Bonaparte, alors
premier Consul. La sainte effigie est couverte d'une robe brochée d'or, sur laquelle
étincellent des pierreries nombreuses. Au-
dessous on voit une vieille cheminée sans
conduit ; la fumée sortait par la porte de
la maison ou par une ouverture pratiquée
dans le toit. A côté est une petite armoire ;
on y consrve un vase de terre grise, que

l'on croit avoir appartenu à la Sainte
Vierge; il est aujourd'hai revêtu d'or à
l'intérieur. On y dépose les chapelets et
autres objets de piété que l'on fait bénir.
La partie de la *Santa Casa* dont nous venons de parler, forme une sorte de petite
sacristie de deux mètres environ de profondeur, et qui tient toute la largeur de
l'édifice. Elle est séparée du reste de la
chapelle par une légère cloison de bois,
divisée en trois arcades, de telle sorte que
la statue de Marie et presque tout le mur
oriental restent visibles. L'autel appuyé à
cette cloison est un simple cube formé avec
les matériaux extraits des murs, dans les
endroits où l'on a pratiqué trois nouvelles portes. Ce cube de pierres, qu'aucun
ciment ne relie entre elles, est couvert
d'une large table, également en pierre,

venue avec la Sainte Maison. Le pavé est moderne, cela ne pouvait être autrement, puisque les fondations de l'édifice sont restées à Nazareth. Les pièces de bois dont le toit était formé, se voient au-dessus des corniches ; une seule, qui, sans doute, n'a pu y trouver place, a été fixée au côté occidental.

Tout autour des murs et devant l'autel, brûlent des lampes dont la clarté suffit pour jeter dans ce saint lieu une lueur mystérieuse.

A quelque heure qu'on entre dans la Sainte Maison, quand les portes en sont ouvertes, on y trouve toujours des pèlerins, qui prient avec ferveur. Leur attitude et tout leur extérieur indiquent des sentiments de piété qui impressionnent, et l'on ne s'étonne pas d'apprendre que cet édi-

fiant spectacle ait vivement ému des hom
mes dont les habitudes étaient assez étran-
gères aux choses de la foi.

La plupart des Souverains Pontifes, depuis la fin du xiiiᵉ siècle, plusieurs monar-
ques et divers grands capitaines ont visité
la Sainte Maison ou l'ont enrichie de leurs
présents. On sait qu'à l'époque de la grande
peste, en 1582, nos ancêtres y envoyèrent
des députés chagés d'offrir, au nom de la
cité lyonnaise, un calice et des burettes en
vermeil. Sur la patène était gravé un des-
sin fidèle de notre ville, afin que cette représentation s'élevât vers le ciel avec la
victime propitiatoire.

« Le gouverneur-vicaire du Souverain
Pontife, évêque de Lorette, vint, avec tout
le chapitre, recevoir à la porte de l'église
les députés lyonnais. On entonna le *Te*

Deum et le cortége s'avança jusqu'au pied du grand autel de la basilique qui environne la *Santa Casa*. Pendant la messe solennelle, les pèlerins offrirent le présent magnifique que Lyon envoyait à Notre-Dame (1). »

L'offrande de notre ville avait donc été reçue avec toute la pompe possible ; mais j'ai vainement cherché à ressusciter la mémoire de circonstances si intéressantes pour nous ; les échos de Lorette sont demeurés muets : aucun des gardiens ni des chanoines à qui j'ai parlé n'a paru avoir

(1) L'abbé Cahours, *Notre-Dame de Fourvière*, p. 172, 173.

Les trois délégués lyonnais étaient : Amyot, custode de Sainte-Croix, le P. Edmond Auger, jésuite, et l'historien de Rubys, alors procureur général de la ville.

connaissance du fait. Tant il est vrai que les souvenirs sont attachés à des monuments, et quand ces monuments disparaissent, les souvenirs conservés seulement dans les livres ne sont plus connus que d'un petit nombre d'érudits.

De l'ancien trésor de Lorette il ne reste à peu près plus rien. Le seul objet digne d'attention qu'on ait pu dérober au pillage, est un étendard turc envoyé par Sobieski, après la délivrance de Vienne.

Cependant les armoires de ce trésor ne sont pas demeurées vides. Parmi les nouvelles offrandes qui les remplissent, on remarque trois calices offerts par les Souverains Pontifes Pie VI, Pie VII et Pie IX. D'autres présents proviennent de donateurs plus ou moins connus, entre lesquels on cite le prince Eugène Beauharnais,

Joachim Murat, la pieuse Christine de Savoie, reine de Naples, et quelques autres familles princières. La malheureuse Pologne y est aussi représentée.

Ce qui manque, à mon avis, dans l'église de Lorette, c'est l'harmonie des chants. Il y a là cependant un chapitre et des enfants de chœur en assez grand nombre ; mais le génie des nations n'est pas le même partout, et sans vouloir blâmer les usages de tel ou tel peuple, il me sera permis d'exprimer ma préférence pour les chants si graves et si dignes que j'ai entendus à Notre-Dame des Hermites, en Suisse. La précipitation et une certaine désinvolture dans les chants d'église sont peu conformes à nos mœurs. Pendant mon séjour à Lorette, j'aimais donc à me rappeler de vieux souvenirs et, mon imagination suppléant à la réalité, j'évo-

quais les ravissantes mélodies d'Einsiedlen
pour les faire résonner autour de la Sainte
Maison de la Vierge, comme les voix des
anges qui l'ont transportée (1).

Non loin de Lorette, dans la plaine qui
s'étend au pied de la colline, est le champ
de bataille de Castelfidardo. Après avoir
prié dans la *Santa Casa*, on ne peut négli-
ger cet autre pèlerinage. Un guide intelli-
gent explique aux visiteurs les différentes
circonstances du combat. Ici, sur ces hauteurs, l'armée piémontaise était disposée;
elle comptait trente mille hommes dans
ses rangs; là-bas, les troupes pontificales,
trois fois moins nombreuses. Les zouaves
ont passé ce ruisseau et, tout trempés de
ses eaux bourbeuses, exposés au feu de

(1) Voir. à la fin de cet opuscule. ce qui est dit des
chants que nous avons entendus à Ensiedlen.

plusieurs batteries de canons, eux qui étaient sans artillerie, ils ont gravi par deux fois le mamelon occupé par leurs adversaires et sont parvenus jusqu'à son sommet. Leur petit nombre ne leur a pas permis de s'y maintenir. Dans cette maison, le brave Pimodan est mort. Un édifice commémoratif a été commencé par les Piémontais, mais les pierres qui doivent être placées au-dessus du caveau mortuaire gisent éparses, depuis plusieurs années, sur le sol. Pour l'honneur de l'Italie, il faut espérer que le monument entrepris ne s'achèvera jamais (1).

Au delà du ruisseau, dans la partie basse et la plus rapprochée de Lorette, reposent les restes mortels des zouaves qui ont

(1) Nous ne savons ce qui est arrivé depuis que ces lignes sont écrites.

succombé dans la lutte. Leur monument
à eux consiste dans un simple tertre, élevé
de quelques centimètres au-dessus du sol,
et surmonté d'une croix de bois, sans aucune inscription. Cette croix en a remplacé
une autre que des mains pieuses ont enlevée pièce à pièce, et, à en juger par les
entailles qu'elle a déjà subies, la seconde
croix aura le sort de la première. Ainsi la
conscience publique rend hommage à ces
glorieux vaincus, qui se sont dévoués pour
une cause sainte; il est certains principes
de justice qui reçoivent dès ce monde un
commencement d'application.

Tels sont les souvenirs et les impressions que j'ai recueillis à Lorette : plus
d'une fois, en m'éloignant de la colline sur
laquelle son église est assise, j'ai tourné la
tête pour saluer encore la Sainte Maison

qu'elle abrite et qu'on est heureux d'avoir
vue, au moins une fois dans sa vie.

SAINT-MAURICE

⸺⁂⸺

L'EXCURSION que nous allons faire pourrait, sous certains rapports, être nommée un pèlerinage. Nous traversons le lac de Genève pour arriver à Saint-Maurice. Visitons avant tout le lieu qu'on appelle aujourd'hui encore le Champ des Martyrs ; c'est là que près de six mille hommes, des plus vaillants soldats de l'empire romain, sous la conduite de Mauritius, leur chef, après s'être laissé décimer deux fois, sans résistance, mirent bas

les armes, spontanément, et se laissèrent
massacrer par les autres légions de l'empereur.

Braves comme ils étaient, campés dans
un lieu étroit et à certaine distance des
autres troupes, peut-être qu'ils eussent
pu résister avec avantage ; tout au moins,
vendre chèrement leur vie et trouver la
mort dans la chaleur du combat, qui en
diminue l'horreur. Mais tel n'était pas
l'exemple que le Sauveur leur avait donné ; ils préférèrent donc se désarmer eux-
mêmes et se laisser égorger comme des
agneaux sans défense. On dit que saint
Maurice, entraîné à quelque distance de
ses soldats, fut massacré le premier ; à
ses côtés ses deux lieutenants, Exupère
et Candide, puis les cohortes entières tombent sous les coups des bourreaux, aux-

quels les dépouilles des victimes sont abandonnées. C'était le 22 septembre de l'an 286. Le lieu s'appelait Agaune, près d'Octodurum, que l'on croit être Martigny (1).

Peu après que la paix eut été rendue à l'Eglise, saint Théodore, évêque d'Octodurum au IVe siècle, fut averti en songe de relever les corps des martyrs qui, jusque-là, étaient demeurés ensevelis sans hon-

(1) Nous avons vu, à Cologne, d'autres reliques des Thébéens, dans l'église de Saint-Géréon. Viennent-elles de Saint-Maurice, ou sont-elles le résultat du massacre d'un détachement de la même légion exécuté sur les lieux ? La chose est difficile à décider. La seconde version néanmoins paraît la plus probable, car elle concorde avec la tradition locale et s'accommode mieux à cette circonstance qu'il existe, dans l'église susdite, divers tombeaux dont les ins-

neur. Avec les aumônes des fidèles de sa province, il construisit, dans l'endroit où le massacre avait eu lieu, une chapelle qui, d'un côté, s'appuyait au rocher et, de l'autre, s'étendait sur la proclivité de la colline. Depuis, cette chapelle a été plusieurs fois détruite et réédifiée ; celle qui existe de nos jours est de construction peu ancienne ; nous aurons à en parler bientôt.

Les reliques des martyrs thébéens étaient

criptions indiquent les nombres différents de corps de Thébéens renfermés dans chacun. Trèves et Vesel possèdent aussi des reliques de ces soldats martyrs. Enfin l'existence d'un détachement envoyé dans la Gaule Germanique expliquerait pourquoi l'on pense que les soldats martyrisés à Agaune étaient au nombre de 5,885 seulement, tandis que l'effectif des légions romaines s'élevait à 6,600 hommes.

à p_ine découvertes, que de larges distri-
butions s'en firent dans les diocèses des
Gaules et plusieurs de ceux de l'Allema-
gne, de l'Italie et de la Suisse. Saint Mar-
tin et, après lui, saint Grégoire, évêque de
Tours, vinrent à Agaune pour s'en procu-
rer. Selon la tradition, le crâne de saint
Maurice aurait été transporté à Vienne
sur le Rhône, et c'est de là que l'église
cathédrale de cette ville a pris son nom.

Des portions notables de ces reliques
furent transférées au delà des monts, par
ordre des ducs de Savoie, bien certaine-
ment contre la volonté des habitants de
Saint-Maurice, qui firent ce qu'ils purent
pour s'y opposer. Ces restes vénérables
donnèrent lieu à la création d'un ordre
religieux militaire sous le titre de Saint-
Maurice, auquel on joignit, par la suite.

celui de Saint-Lazare, qui était plus ancien.

La chapelle moderne, construite dans le Champ des Martyrs, bien que dépourvue d'ornements de quelque valeur, n'en impressionne pas moins celui qui la visite, par les souvenirs qu'elle lui rappelle ; derrière l'autel est placé un tableau représentant saint Maurice, à la tête de sa légion. Sur le devant de l'autel sont peintes trois figures : celle de saint Maurice au milieu ; à sa droite, Sigismond, roi des Burgondes, fondateur de l'abbaye en 515 ; à sa gauche, saint Grégoire de Tours.

Près de la porte d'entrée est une large pierre, de forme à peu près ovale, bien qu'entièrement fruste, sur laquelle, d'après la tradition, saint Maurice aurait été mis à mort. A l'époque où écrivaient les

Bollandistes, on voyait encore, disent-ils, quelques traces de sang sur cette pierre. Elle a été placée depuis sur quatre piliers qui l'élèvent à une hauteur de deux mètres au moins au-dessus du sol, afin de la garantir des pieux larcins des visiteurs, qui en détachaient des fragments.

L'abbaye de Saint-Maurice est au milieu du bourg de ce nom, à quelque distance du Champ des Martyrs. Les anciens bâtimens construits par le roi Sigismond n'existent plus, sauf le clocher, dont le style et l'ornementation sont bien de la première époque romane. Mais la plupart des objets précieux dont l'abbaye était enrichie sont venus jusqu'à nous. En premier lieu, ce qui, après toutes les translations que nous avons indiquées, reste encore des ossements du grand capitaine de

la légion thébéenne , repose dans une
châsse plaquée en argent. Au-dessus, on
voit une petite statue équestre de saint
Maurice, don des ducs de Savoie, dans laquelle sont enfermées des parcelles des vê·
tements de l'illustre martyr. Un reliquaire
séparé contient un de ses bras, et un
autre buste en argent, la tête de saint
Candide, troisième chef de la légion. A
travers un petit espace qui s'ouvre et se
ferme à volonté, on distingue son crâne
dans un état de conservation parfait, bien
que rien ne le mette à l'abri du contact de
l'air. Dans plusieurs autres vases, de diverses formes, ont été recueillis des ossements des soldats thébéens, et de la terre
imbibée de leur sang. Quelques-uns de
ces vases ont été donnés par Charlemagne,
entre autres une sorte d'aiguière formée

d'une sardoine énorme, très-finement cise-
lée et d'origine évidemment orientale. Il
est probable qu'elle provient de quelque
cadeau fait au grand empereur d'Occident
par le calife Haroun al Raschid, avec lequel
il était en relations. D'autres reliquaires et
vases sacrés datent des xie, xiie et xiiie siècles. Un coffret en or, remonte, dit-on, à
l'époque mérovingienne.

On a conservé l'anneau de chevalier romain que portait au doigt saint Maurice.
C'est un simple cercle en or, dont les extrémités, divisées en deux petites bran-
ches, sontiennent un onyx sur lequel pa-
raissent avoir été semés des brillants qui
n'existent plus.

Comme objets d'art, on conserve, dans un
compartiment séparé, les ornements pontificaux et la crosse de Félix V, duc de

Savoie et antipape ; cette crosse est d'un travail merveilleux (1).

Enfin, comme partout où se trouvent des restes des martyrs, il est convenable qu'apparaissent aussi des reliques de la passion de celui qui est le chef, l'initiateur et le rémunérateur tout-puissant des martyrs. On nous a montré un long fragment de la croix du Sauveur et une des épines de sa couronne douloureuse. Ces objets sacrés sont renfermés dans des reliquaires en vermeil, don de notre saint roi Louis IX. Ce n'est pas sans un certain attendrissement de cœur qu'on lit ces lignes, tra-

(1) Grâce à l'obligeance de Mgr l'évêque de Bethléem, abbé de Saint-Maurice, il nous a été donné de visiter en détail le trésor de cette abbaye. Qu'il en reçoive, ici, nos respectueux remerciments.

cées de la main même du monarque :
Ludovicus Dei gratia Francorum rex, etc.
Le parchemin sur lequel il explique qu'il
donne les parcelles dont il est question,
aux chanoines de Saint-Maurice, en re-
connaissance de ce qu'ils lui avaient envoyé des reliques des Thébéens, n'est-il
pas lui-même une relique ?

La petite ville de Sion, siége actuel de
l'évêché du Valais, a hérité, elle aussi, de
nombreuses reliques des soldats de la légion thébéenne. Sur l'une des hauteurs,
jadis fortifiées, aujourd'hui couvertes de
ruines, qui dominent cette ville et lui donnent un aspect si pittoresque, s'élève une
église bâtie au xve siècle, mais dont le
sanctuaire, avec deux petites annexes,
constituait primitivement une chapelle qui
remonte au ixe. On y conserve de nom-

breux ossements des Thébéens, les uns
à découvert, d'autres renfermés dans un
vaste coffre en bois, revêtu d'ornements
qui ne permettent pas de douter de son
origine carlovingienne ; ces ossements
furent, dit-on, apportés du Champ des
Martyrs par l'évêque de Sion, saint Théo-
dule, que Charlemagne avait constitué pré-
fet du Valais.

L'église et le sanctuaire sont remarquables sous plus d'un rapport, mais leur des-
cription m'entraînerait hors de mon sujet
essentiel. Anciennement les chanoines de
Sion résidaient sur ce monticule ; on voit
encore les ruines de leurs habitations, dé-
vorées par un incendie.

La cathédrale actuelle possède plusieurs
capses en bois revêtues d'argent doré, et
ornées de fleurons relevés en bosse dont

la forme indique la date à peu près certaine du ixe siècle. Nous avons remarqué en outre, dans le trésor de cette cathédrale, un évangéliaire plaqué en vermeil, un calice et des croix processionnelles qui remontent au moyen-âge. Je pense qu'une de ces croix est d'origine française, car elle porte des fleurs de lis aux quatre angles.

C'est sans doute à la protection de saint Maurice et de ses glorieux compagnons que les habitants du Valais doivent d'avoir conservé cette simplicité de mœurs et cette foi antique qui deviennent de plus en plus rares aujourd'hui. Nous nous sommes arrêtés avec complaisance pour lire, sur la porte de l'hôtel de ville de Sion, cette inscription un peu ambitieuse peut-être, mais qui indique un sentiment profondément religieux : *Diligit Dominus portas Sion super omnia tabernacula Jacob*, et cette autre : *Facite judicium, et Dominus dabit pacem in finibus vestris* (1). La porte de l'hôtel de ville représente le jugement de Salomon ; les serrures, pour le dire en passant, sont de véritables chefs-d'œuvre.

A Sion, comme à Saint-Maurice, les églises restent ouvertes le soir, longtemps après l'*Angelus*, afin que les gens de labeur puissent venir y prier avant de prendre leur repos. La nuit close, une partie de la population se promène dans les rues, calme et conservant tous les dehors de la

(1) Le Seigneur chérit les portes de Sion plus que tous les tabernacles de Jacob. — Rendez vos jugements selon la justice, et le Seigneur donnera la paix à la terre que vous habitez.

modestie. Pas un cri, pas un jurement, mais aussi elle ne lit pas de journaux. Heureux peuple ! puissent ses montagnes et la protection de ses martyrs le mettre toujours à l'abri de la contagion des doctrines irréligieuses qui envahissent tant de contrées.

Jusqu'ici, j'ai passé sous silence les merveilles de la nature que le Valais offre aux voyageurs. Je ne puis clore ces lignes sans dire quelques mots du moins de deux principales curiosités.

Près de Saint-Maurice se trouve une grotte ou plutôt une longue avenue creusée par les eaux dans les flancs d'une montagne, et qu'on a nommée grotte des Fées. Figurez-vous un des corridors des catacombes, car la largeur de cette avenue est à peu près celle des souterrains de

Rome, mais la hauteur est bien différente;
il faut se baisser profondément en plusieurs endroits pour pouvoir passer. Quand
on a cheminé pendant un quart d'heure
dans les circuits de ce labyrinthe garni de
stalactites de formes capricieuses, on ar-
rive à une sorte de chambre presque circulaire, taillée dans le roc, d'une largeur
de 15 à 20 mètres sur 30 environ de haut.
De cette voûte naturelle tombe, par une ouverture unique, une gerbe d'eau qui forme
une sorte de lac, lequel s'en va, par des
conduits inconnus, former un autre réser-
voir souterrain, ou peut-être se perdre
dans le Rhône, qui coule à quelque distance de là.

Venez avec moi, maintenant, du côté
opposé, au delà du Champ des Martyrs.
Après s'être arrêté quelques instants de-

vant une cascade qui sort des flancs d'une
montagne et se précipite avec fracas, on
trouve les gorges du Trient. C'est une
sorte de vallée, large de 6 à 8 mètres au
plus, qui serpente entre deux rochers à
pic, d'une hauteur telle que leurs sommets
semblent presque se toucher. Dans le fond,
un torrent coule sur des quartiers de ro-
ches brisées. Quelques touffes d'herbes
ou des arbustes rabougris forment toute
la décoration de ce lieu sauvage. On che-
mine ainsi pendant un parcours de cinq
cents mètres, sur une passerelle suspen-
due, par des cordes de fil de fer, à des
crosses fichées dans quelques joints du
rocher. On passe tantôt d'un côté, tantôt
de l'autre, suivant que les détours de l'é-
troit chemin ont permis de placer le pont
suspendu à côté ou en travers du torrent.

Parvenu à l'extrémité de cinq cents mètres, il vous faut revenir sur vos pas. Mais, si quelque jour on pouvait prolonger pendant trois lieues cette traversée à peine ébauchée, on franchirait le massif du Trient sans en gravir les sommets, et l'on se trouverait ainsi dans la vallée opposée de Chamounix.

Nous voici de retour à Genève. Nous laissons derrière nous les traces des persécutions anciennes, mais c'est pour en trouver de nouvelles. Telle est la destinée de l'Eglise, toujours battue par les tempêtes et subsistant toujours, jusqu'à ce qu'elle aille se reposer dans le royaume de la paix éternelle, que les martyrs ont conquis par leur sang et où nous n'arriverons, nous aussi, que par les tribulations et les épreuves : *Quia per multas tribulationes oportet nos intrare in regnum Dei* (1).

(1) Car c'est à travers beaucoup de tribulations que nous entrerons dans le royaume de Dieu. (Ep. S. Paul.)

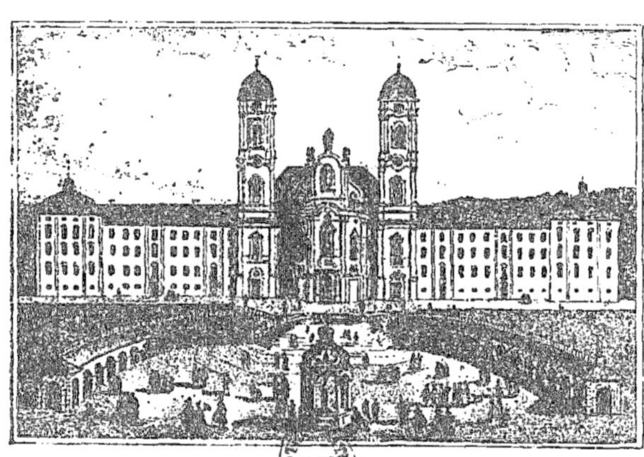

NOTRE-DAME D'EINSIEDLEN

EINSIEDLEN

E INSIEDLEN est un bourg dans les
montagnes de la Suisse allemande,
au canton de Switz, l'un des cantons pri-
mitifs de l'Helvétie et qui lui a donné son
nom. Le sanctuaire dont nous allons parler ne fût, d'abord, qu'une petite chapelle,
construite, il y a plus de mille ans, par un
saint hermite nommé Mainrad et dédiée
à la sainte Vierge. Aujourd'hui encore,
cette chapelle a gardé, de son origine, le
nom de Notre-Dame des Hermites. La

tradition rapporte qu'elle fut consacrée par le Sauveur lui-même, comme l'avaient été, en France, notre église de Saint-Paul à Lyon, et les églises de Saint-Denis près Paris, et du Puy. — La chapelle de Notre-Dame des Hermites devint bientôt célèbre. Plus tard, le concours des peuples augmentant, on l'abrita dans une grande église à laquelle fut annexé un couvent de religieux Bénédictins.— Nous nous y trouvions le 14 septembre, fête de l'Exaltation de la Sainte Croix et anniversaire de la consécration miraculeuse. — C'était la seconde fois que nous assistions à cette grande solennité. — Elle est annoncée dès la veille, par des détonations de boîtes qui se répètent à chaque heure pendant la nuit. Dès que trois heures ont sonné, une salve de vingt-un coups de canon et le son des grosses cloches de l'abbaye signalent le commencement des saints offices. Des milliers de pèlerins se lèvent et affluent à l'église, où déjà les religieux psalmodient les prières matinales.

Bientôt les couronnes de feu (1) et un triple cordon de lampions projettent des flots de lumière qui, en certains endroits, luttent encore avec les ténèbres et produisent ce demi-jour si favorable au recueillement. Mais la chapelle de la Ste-Vierge, construite au milieu de la basilique, éblouit les regards par la splendeur de son illumination. Là, devant l'image de Marie, à

______

(1) La principale des couronnes, ou plutôt l'ensemble splendide qui comprend trois couronnes superposées, est un don princier, récemment fait à l'église.

6

l'abri des hautes barrières qui ferment cet asile étroit, le vénérable abbé d'Einsiedlen, décoré des insignes de l'épiscopat, vient, accompagné de ses acolytes, célébrer une messe pontificale.

Il est 4 heures : le grand orgue a commencé à mugir, puis il se tait, et, au milieu du profond silence que les pèlerins, malgré leur nombre, ne troublent pas, des accents enfantins s'élèvent des régions supérieures du temple. On écoute si ce ne sont pas des anges qui chantent ces premiers mots du cantique de l'action de grâces et du triomphe : « *Te Deum laudamus...* » et l'ensemble des musiciens placés près de l'orgue reprend : « *Te æternum Patrem omnis* « *terra veneratur.* » Il est difficile de rendre l'effet de cet imposant début. Ces sons qui, d'une tribune élevée, s'en vont, répercutés

par les voûtes, en se prolongeant dans tous
les contours de l'édifice, l'ensemble des
chants où le timbre argentin de la voix des
enfants de chœur se distingue pur et suave
au milieu des notes plus graves qui sor-
tent des mâles poitrines ; la richesse des
accords auxquels se mêlent ceux de l'orgue,
les éclats du trombone et parfois les sourds
roulements des timbales, tout cela rappelle
les symphonies des Lévites de l'ancienne
loi, dans des fêtes qui n'étaient pourtant
qu'une image de nos grandes solennités
catholiques. Le *Te Deum* sert d'*Introït* à la
messe de ce jour, elle n'en a pas d'autre ;
quel plus magnifique exorde serait-il possible de lui donner ?

Le *Kyrie*, le *Gloria*, le *Credo*, toutes ces
prières liturgiques sont interprétées de
même et avec une égale splendeur. Seu-

lement, c'est le chœur des religieux en entier qui, accompagné par un orgue, chante
en faux-bourdon le plain-chant, dont il al-
terne les versets avec l'orchestre. Celui-ci
continue avec des modulations plus bril-
lantes : mais la transition est ménagée
de telle sorte qu'elle ne se fait pas sentir.
C'est comme un dialogue au milieu duquel
la voix du prêtre qui est à l'autel, a aussi
sa place et se fait entendre, sans disparate,
lorsque le moment est venu. Ce *duo* a pour
final une sorte de lutte entre les deux or-
gues qui, eux aussi, se répondent, et con-
trastent, celui-ci par la douceur de sa mélodie, celui-là, par l'ampleur de ses jeux
et le fracas de ses majestueux roulements.

La messe pontificale est terminée ; l'on
est encore sous le coup des impressions
que l'on a reçues, absorbé dans une rêve-

rie indéfinissable dont on ne peut se rendre compte à soi-même, mais qui, à coup sûr, élève l'âme vers Dieu.

Alors un petit nombre de privilégiés est introduit dans la sainte chapelle, où de nouveaux sentiments se produisent ; mais ceci est du domaine privé : tout ce qu'on peut dire, c'est que devant cet autel où est enchâssée la tête de saint Mainrad, couverte d'un voile de soie blanche rehaussé d'or, et sur lequel brillent des croix de diamants, en présence de la statue noire de la Vierge, placée au-dessus, dont on ignore la date, mais qui doit remonter au XIIIe siècle, il se verse bien des larmes : le maintien seul des assistants dit assez ce qu'ils éprouvent. A l'entour de cette chapelle de marbre, construite sur l'emplacement de celle que le Sauveur consacra jadis de ses mains, et

que les incidents des guerres ont renversée, la foule des pèlerins se tient dans une
attitude recueillie. J'en ai vu, les yeux im-
mobiles, les bras un peu en avant, les mains
jointes, les doigts étendus, prier avec une
ferveur admirable ; on eût dit ces statues
de saints qui décorent les portiques de nos
cathédrales : difficilement on se ferait une
idée d'un plus édifiant spectacle. Des mes-
ses se succèdent l'une à l'autre sur l'autel
privilégié de la Vierge, depuis deux heures
et demie du matin jusqu'à onze heures : le
nombre de celles que l'on a célébrées en ce
jour, tant dans la sainte chapelle que dans
les autres, s'élève, dit-on, à cent.

Une seconde messe solennelle est chantée
au milieu de la matinée ; mais, cette fois,
ce n'est plus la mélodie dont nous avons
essayé de signaler le caractère. Les reli-

gieux d'Einsiedlen qui, presque tous, sont
musiciens, se partagent entre deux écoles,
l'ancienne et la moderne. L'ancienne avait
eu la priorité, c'était dans l'ordre; la moderne va se faire entendre à son tour. Même
éclat, même pureté dans les sons, même
richesse d'harmonie, mêmes instruments.
L'exécution est aussi parfaite, quoique plus
difficile peut-être; cependant quelle diffé-
rence ! Les compositions modernes, plus
variées, sous le rapport du style et du mouvement, dénotent-elles plus de science ?
Je ne sais ; ce sont des *oratorios* magnifiques ; après les avoir entendus, on se
dit : C'est bien, c'est grave, digne, élevé,
et l'on reste froid ; on admire, voilà tout.
Cette musique est religieuse, mais ce n'est
plus la prière qui s'élève vers le ciel avec
d'ineffables soupirs; ce ne sont plus ces

sons prolongés comme un écho des can-
tiques qui n'ont point de fin ; ce n'est plus
ce vague mystérieux des harmonies divi-
nes qui ravit ''âme et l'élève dans une ré-
gion où il semble qu'elle ne tient plus à la
terre : nous n'avons pas besoin de déclarer,
d'une manière plus explicite, quelle école
nous préférons.

Dans l'après-midi, après des sermons en
diverses langues, on chante vêpres, puis,
quand la nuit est arrivée, les complies ;
vient enfin la procession solennelle. On la
voit se former dans l'église, dont l'illumination est plus complète encore que celle du
matin : le maître autel, surtout, est resplen-
dissant de clarté. A l'extérieur, les façades
de l'abbaye, y compris celle de la basilique,
et les maisons aux toits aigus qui lui font
face, sont illuminées richement. Il en est de

même du cordon circulaire de la place, au
centre de laquelle est une statue de la Vierge, placée sur la fontaine, d'où jaillissent
seize jets d'eau. A gauche est une colline
couverte de noirs sapins, et dominée par une
grande croix lumineuse : tout auprès une
batterie qui doit faire le salut d'usage. Du
côté opposé au couvent, un reposoir des-
sine en traits de feu ses gigantesques contours. La procession s'ébranle à la lueur
des flambeaux. Nos pères, dans les siècles
passés, avaient institué, pour leurs confré-
ries pieuses, quelques-unes de ces proces-
sions nocturnes que nous ne connaissons
plus aujourd'hui, que nous ne pourrions
faire convenablement : mais on comprend
tout ce qu'elles peuvent ajouter de charme
à une solennité religieuse. Parvenu au reposoir, le vénérable abbé d'Ensiedlen y

dépose le Saint-Sacrement, des chants harmonieux s'élèvent de la vaste place que l'on aurait crue déserte si, à la clarté des lampions, elle n'apparaissait toute couverte par la multitude. Alors l'officiant monte de nouveau les degrés qui le conduisent à l'autel ; les fronts s'inclinent, et une voix retentissante chante seule, sur un ton grave, ces paroles que l'obscurité de la nuit, le silence et la majesté de la scène rendent saisissants : *Benedicat vos omnipotens Deus...* (1). Un *Amen*, longtemps prolongé, lui répond, et une salve de vingt-un coups de canon ébranle les échos des monta-

(1) Dans l'église d'Ensiedlen, la prière qui accompagne la bénédiction du Saint-Sacrement, se dit à voix basse ; elle n'est chantée que sur la place publique.

gnes. On rentre : deux nouvelles bénédic-
tions sont données successivement, l'une
à la chapelle de la Sainte-Vierge, l'autre
dans le grand chœur ; on publie le bref
pontifical qui concède des indulgences à
ceux qui ont assisté aux cérémonies, et le
Te Deum termine la fête ; elle finit comme
elle avait commencé.

Après que tout a été accompli, alors, pour
nous servir du langage adopté, l'église est
livrée aux pèlerins. Ceux-ci la remplissent et, en quelque sorte, s'en emparent ;
c'est une scène d'un genre tout nouveau.
Les habitants d'un village venus ensemble
se pressent autour de la chapelle de la
Vierge, ils se rangent en cercle, tenant une
bougie d'une main, de l'autre un livre dans
lequel ils ont choisi un cantique. Hommes,
femmes, enfants, tous chantent, et l'on sait

que les Allemands chantent naturellement
en parties ; chacun prenant celle qui con-
vient le mieux à sa voix. D'autres pèlerins
arrivent, forment un second groupe et chantent sans s'inquiéter des premiers. Survient une troisième compagnie qui agit de
même ; ainsi de suite. Cependant, des cen-
taines d'autres pèlerins vont de chapelle
en chapelle, récitant à voix haute une sé-
rie d'*Ave Maria*. Partout ailleurs ce serait
une discordance affreuse, de nature à cris-
per les nerfs les moins délicats, mais la race
germanique a un instinct à elle ; tous, avec
des thèmes variés, ont pris une intonation
uniforme ; le mouvement de leurs diverses
compositions musicales est pour tous d'ailleurs à peu près le même, quel que soit le
cantique adopté. Il n'est pas jusqu'à ceux
qui circulent dans l'église, en égrenant leur

chapelet, dont les inflexions de voix ne s'ac-
cordent avec elles de ceux qui ehantent,
en sorte que le sourd murmure des prières produit comme un roulement mono-
tone, qui soutient les chants et leur sert, en
quelque sorte, de basse. Quand, d'une certaine distance, on écoute ce mélange con-
fus, on est tenté de se demander ce que
l'on entend : c'est quelque chose de vague,
d'indéfini dans la forme, semblable au bruis-
sement d'une cascade lointaine, c'est un ensemble qui ne manque pas de suavité,
mais dont vainement, peut-être, on cher-
cherait ailleurs un exemple.

Et maintenant, ô Vierge d'Einsiedlen,
adieu. Il faut continuer la route au milieu
de laquelle la visite de votre sanctuaire n'é-
tait qu'une halte, et reprendre les tristes
réalités de la vie. J'ignore s'il me sera

donné d'assister encore à vos fêtes ; mais
si je devais ne les plus revoir, puissé-je
par votre protection du moins, qui est partout efficace, en retrouver de plus brillan-
tes encore et de plus durables dans le ciel !

TABLE

LYON. -- Impr. Catholique, r. de Condé, 30. J.-E. ALBERT.

www.ingramcontent.com/pod-product-compliance
Ingram Content Group UK Ltd.
Pitfield, Milton Keynes, MK11 3LW, UK
UKHW020911120726
13693UKWH00003B/996